Divórcio

Blucher

Série Conhecimento

Divórcio

Tânia Nigri

Divórcio

Imagem da capa iStockphoto

Segundo o Novo Acordo Ortográfico, conforme 5. ed. do *Vocabulário Ortográfico da Língua Portuguesa*, Academia Brasileira de Letras, março de 2009.

Publisher Edgard Blücher
Editor Eduardo Blücher

Coordenação editorial Jonatas Eliakim
Produção editorial Thais Costa
Preparação de texto Ana Maria Fiorini
Diagramação Felipe Gigek
Revisão de texto MPMB
Capa Leandro Cunha

DADOS INTERNACIONAIS DE CATALOGAÇÃO NA PUBLICAÇÃO (CIP)
Angélica Ilacqua CRB-8/7057

Nigri, Tânia
Divórcio / Tânia Nigri. - São Paulo : Blucher, 2022.
88p. (Série Conhecimento)

Bibliografia
ISBN 978-65-5506-494-0 (impresso)
ISBN 978-65-5506-491-9 (eletrônico)

1. Divórcio - Brasil 2. Casamento (Direito) I. Título

22-2050 CDD 346.015

Índices para catálogo sistemático:
1. Divórcio - Brasil

Blucher

Rua Pedroso Alvarenga, 1245, 4° andar
04531-934 - São Paulo - SP - Brasil
Tel.: 55 11 3078-5366
contato@blucher.com.br
www.blucher.com.br

O carinho e o olhar dos meus tios Jacob e Neusa

tornaram possível, o impossível.

CONTEÚDO

CRONOLOGIA DO DIVÓRCIO NO BRASIL

1977 - O divórcio é instituído no Brasil por meio da Emenda Constitucional n. 9, de 28 de junho de 1977, e regulamentado pela Lei n. 6.515, de 26 de dezembro de 1977. A nova lei permitiu, pela primeira vez no Brasil, a dissolução do vínculo conjugal pelo divórcio, desde que houvesse prévia separação judicial por mais de três anos (divórcio por conversão) ou separação de fato, devidamente comprovada em juízo, pelo prazo de cinco anos (divórcio direto). Só foi autorizado que as pessoas se divorciassem uma vez na vida.

1988 - A Constituição de 1988 reduz o prazo da separação judicial e da separação de fato, para a concessão do divórcio, que passa a ser de um ano e de dois anos, respectivamente.

1989 - É aprovada a Lei n. 7.841, de 17 de outubro de 1989, que acabou com a proibição de divórcios sucessivos. Portanto, as pessoas passam a poder se divorciar quantas vezes desejarem.

2007 - É aprovada a Lei n. 11.441, de 4 de janeiro de 2007, permitindo que os divórcios e separações consensuais sejam feitos em cartório, desde que o casal não tenha filhos menores ou incapazes e que a mulher não esteja grávida.

2010 - É aprovada a Emenda Constitucional n. 66/2010, acabando com o requisito de prévia separação judicial ou de fato para a concessão do divórcio no Brasil, garantindo-se, assim, o divórcio direto.

2020 – É editado o Provimento n. 100/2020 do Conselho Nacional de Justiça (CNJ), que institui o Sistema de Atos Notariais Eletrônicos (e-Notariado) em todo o território nacional, passando a autorizar o divórcio on-line desde que haja consenso entre o casal, o casal não possua filhos menores ou incapazes, a mulher não esteja grávida e esteja presente um advogado.

INTRODUÇÃO

O casamento é um rito de passagem que ainda habita o sonho de muitas pessoas, embora as estatísticas recentes apontem para uma diminuição na sua realização.[1]

Os matrimônios civis, em sua grande maioria, são procurados por aqueles que almejam construir suas vidas ao lado das pessoas que amam. Esse projeto, porém, nem sempre se confirma, e a dissolução tem sido o caminho buscado por milhares de pessoas desde 1977, quando o divórcio foi legalizado no Brasil.

O divórcio é, na maioria das vezes, extremamente doloroso, e a perda do casamento é vivenciada como uma espécie de "luto por alguém que ainda vive". A ruptura das relações amorosas, com todas as dificuldades inerentes a esse momento, é percebida como uma grande ferida narcísica, expressão psicanalítica que remete à lenda de Narciso, que, ao nascer, teria sido informado pelos oráculos sobre sua beleza e longevidade, mas também advertido de que só viveria muitos anos se não admirasse sua própria beleza, pois isso seria uma maldição. Ao ver sua imagem refletida em um

1 Os registros de casamentos civis em 2020 caíram 26,1%, a maior queda da série histórica do IBGE. Em 2020, foram registrados 757.179 casamentos, contra 1.024.676 no ano anterior. Desde 2015, o número de casamentos vem recuando, mas as medidas de isolamento social ligadas à pandemia de Covid-19 aumentaram essa queda (REGISTROS, 2021).

lago, achando que se tratava de outra pessoa, Narciso enamorou-se dessa imagem. Na tentativa de beijar esse objeto, caiu no lago e afogou-se, portanto a ferida narcísica consistiria no fato de a realidade não corresponder àquilo que se imaginou previamente.

Constatar que o ex-companheiro ou ex-companheira, depois de anos de relacionamento, consegue gerir sua vida sozinho(a), é muitas vezes considerado algo afrontoso e a dor do término é reportada como algo não apenas psíquico, mas, também, físico, sendo comuns relatos de taquicardia, tremores, crises de ansiedade, além da dificuldade de concentração e transtornos de sono naqueles que se separam.[2]

Quando os relacionamentos acabam, o que fica é um luto profundo durante o qual, não raras vezes, cessa o interesse pelo mundo externo. Em sua obra *Luto e melancolia*, Freud, o pai da Psicanálise, diz ser indispensável o transcurso de tempo para que se elabore a perda e o ego se veja novamente apto a novas investidas libidinais (LEVY; GOMES, 2011).

Há muitas matérias jornalísticas abordando o crescente aumento dos divórcios no Brasil, especialmente durante a pandemia de Covid-19, iniciada em 2020. Parece claro que o convívio em tempo integral aumentou a percepção das

2 NIGRI, Tania .Como Fica Quando Acaba – Uma Abordagem Psicanalítica Sobre as Separações Amorosas. Disponível em: https://centropsicanalise.com.br/2019/02/28/nigri-tania-como-fica-quando-acaba-uma-abordagem-psicanalitica-sobre-as-separacoes-amorosas-ciclo-ii-2014/. Acesso em: 18 abr. 2022.

incompatibilidades, mas a verdade é que esse número já vinha crescendo havia algum tempo. A traição, real ou virtual, tem sido apontada, por muitos, como o grande "vilão" das separações amorosas.[3]

CASAMENTOS HOMOAFETIVOS E HETEROAFETIVOS

O Código Civil dispõe em seu artigo 1.514 que "o casamento se realiza no momento em que **o homem e a mulher** manifestam, perante o juiz, a sua vontade de estabelecer vínculo conjugal, e o juiz os declara casados". Conforme se observa da leitura da lei, ela só se refere ao casamento heteroafetivo, nada falando dos casamentos homoafetivos. O mesmo ocorre em relação à união estável, quando a Constituição Federal menciona apenas a relação afetiva entre o homem e a mulher, para o efeito de seu reconhecimento como entidade familiar.

Apesar dessas menções restritivas ao livre exercício do direito de amar, em dois julgamentos, certificados pela Organização das Nações Unidas para Educação, Ciência e Cultura (Unesco) como patrimônio documental da humanidade, o Supremo Tribunal Federal (STF) julgou procedentes a ADI n. 4.277 e a ADPF n. 132, colocando fim à ausência

3 Um levantamento do Colégio Notarial do Brasil (CNB) mostra que foram registrados 77.112 divórcios consensuais em 2021. Apesar de representar um aumento de 266 casos em relação ao primeiro ano da crise sanitária, em 2020, que teve 76.846 dissoluções matrimoniais formalizadas, o número é o maior da série histórica, iniciada em 2007 (DIVÓRCIOS, 2022).

de proteção jurídica das relações afetivas vividas pela comunidade LGBTQIAP+, que se via sem direitos, sem respeito e sem cidadania, já que não era permitido o casamento homoafetivo e os processos de reconhecimento de uniões estáveis (NIGRI, 2020), não raramente, desembocavam em absurdos jurídicos, sobretudo quando um(a) dos(as) companheiros(as) falecia e o(a) outro(a) buscava o Poder Judiciário para receber a sua parte na herança, o que muitas vezes lhe era negado, mesmo que o casal tivesse construído conjuntamente o patrimônio.

Conforme mencionamos, o STF julgou duas ações: enquanto a primeira, uma Ação Direta de Inconstitucionalidade, buscava o reconhecimento da união entre pessoas do mesmo sexo como entidade familiar, assim como a declaração de que os mesmos direitos e deveres dos companheiros nas uniões estáveis fossem estendidos aos companheiros homoafetivos, a segunda ação, uma Arguição de Descumprimento de Preceito Fundamental, proposta pelo Estado do Rio de Janeiro, buscava a aplicação do regime das uniões estáveis às uniões homoafetivas de funcionários públicos civis do Rio de Janeiro.

Em julgamento histórico, os ministros reconheceram as uniões homoafetivas como entidade familiar e lhes aplicaram o mesmo regime das uniões estáveis entre homem e mulher (NIGRI, 2020). Na esteira dessa decisão, foi editada, em 2013, a Resolução n. 175 do Conselho Nacional de Justiça (CNJ), obrigando todos os cartórios do Brasil a realizarem casamentos homoafetivos e converterem uniões estáveis entre pessoas do mesmo sexo em casamento, dizendo que a recusa implicaria imediata comunicação ao juiz corregedor para as providências cabíveis.

O INSS passou a reconhecer, expressamente, o direito à pensão pela morte de companheiros do mesmo sexo, por meio da Instrução Normativa INSS n. 45/2010, e a Receita Federal também passou a admitir que contribuintes incluíssem seus parceiros(as) homoafetivas(as) como dependentes no Imposto de Renda, desde que tenham realizado um casamento civil, tenham uma união estável registrada há pelo menos cinco anos ou tenham filhos comuns, inclusive adotivos.

Registre-se, também, que o CNJ concedeu, em agosto de 2014, licença casamento a um técnico judiciário que apresentou certidão de união homossexual emitida por cartório. A partir de então, o mesmo posicionamento pode ser adotado por toda a Justiça Federal. A licença gala possibilita a ausência do trabalho pelo prazo de oito dias consecutivos, em razão do casamento civil ou da união estável formalizada.

Atualmente os casais homossexuais têm os mesmos direitos e deveres conferidos aos casais heterossexuais, portanto a legislação sobre divórcio se aplica a todos os casamentos.

DIVÓRCIO

O divórcio é o instrumento jurídico que põe fim ao casamento, dissolvendo o vínculo conjugal.[1] Foi instituído no Brasil após a aprovação da Emenda Constitucional n. 9, de 28 de junho de 1977,[2] Emenda essa regulamentada pela Lei n. 6.515, de 26 de dezembro de 1977.

Até a aprovação da Lei do Divórcio, em dezembro de 1977, a pessoa que se casasse permaneceria ligada pelo casamento até a sua morte ou a morte do cônjuge, já que o vínculo conjugal era indissolúvel. Dessa forma, se o convívio se tornasse impossível, o casal poderia se desquitar, colocando fim ao casamento, mas manteria o vínculo conjugal, e nenhum dos dois poderia se casar com novos parceiros.

1 O divórcio só poderá ser realizado se o casal for casado. Na hipótese de um casal viver em união estável e desejar se separar, poderá fazer a dissolução da união estável (NIGRI, 2020).

2 Emenda Constitucional n. 9, de 28 de junho de 1977.

Art. 1° O § 1° do artigo 175 da Constituição Federal passa a vigorar com a seguinte redação:

"Art. 175 - ....

§ 1° - O casamento somente poderá ser dissolvido, nos casos expressos em lei, desde que haja prévia separação judicial por mais de três anos".

Art. 2° A separação, de que trata o § 1° do artigo 175 da Constituição, poderá ser de fato, devidamente comprovada em Juízo, e pelo prazo de cinco anos, se for anterior à data desta emenda.

O divórcio é o instrumento jurídico que dissolve o vínculo conjugal e foi instituído no Brasil por meio da Emenda Constitucional n. 9, de 28 de junho de 1977.

Antes de nos aprofundarmos nas questões relacionadas ao divórcio, é necessário diferenciar separação judicial, separação de fato, desquite e divórcio, pois há muita confusão entre esses quatro institutos.

A separação judicial é aquela realizada pelo juiz de Direito e encerra a sociedade conjugal e o regime de bens (os bens não mais se comunicam), mas não tem o poder de dissolver o vínculo conjugal, portanto, o casal pode se reconciliar sem a necessidade de um novo casamento, mas é vedado o matrimônio com outra pessoa, o que somente é possível após o divórcio. A pessoa separada judicialmente poderá viver em união estável[3] sem que isso constitua ilegalidade.

A separação de fato significa que o casal, na realidade, não vive mais como marido e mulher ou como companheiros, mas continua casado "no papel" ou não dissolveu a união estável. A pessoa separada de fato pode viver em união estável sem que isso configure qualquer ilegalidade, já que o art. 1.723, § 1º,[4] do Código Civil prevê a possibilidade de constituição de união estável entre pessoas casadas, porém separadas de fato.

3 Sobre os direitos e deveres na união estável ou quais são os requisitos para a sua configuração, ver Nigri (2020).

4 Diz o artigo 1.723 do Código Civil: "É reconhecida como entidade familiar a união estável entre o homem e a mulher, configurada na convivência pública, contínua e duradoura e estabelecida com o objetivo de constituição de família. § 1º A união estável não se constituirá se ocorrerem os impedimentos do art. 1.521; não se aplicando a incidência do inciso VI no caso de a pessoa casada se achar separada de fato ou judicialmente".

A separação de fato cessa os direitos e obrigações do casamento e a comunicação dos bens.

Desquite era o nome que se dava à separação judicial antes da aprovação da Lei do Divórcio, nomenclatura que foi substituída por "separação judicial" a partir de dezembro de 1977.

O divórcio, ao contrário dos institutos mencionados, dissolve o vínculo conjugal, pondo fim ao casamento e ao regime de bens, por isso, se as partes vierem a se reconciliar, precisarão se casar novamente. A pessoa divorciada poderá viver em união estável ou se casar novamente, quantas vezes desejar, bastando que entre os casamentos sejam realizados os respectivos divórcios.

Apesar de haver algumas semelhanças entre a separação judicial e o divórcio, eles não devem ser confundidos, pois, na separação judicial (chamada de desquite até dezembro de 1977), as partes deixam de ter a obrigação de coabitação e fidelidade, os bens deixam de se comunicar e acaba o regime de bens, mas os parceiros ficam impedidos de contrair novas núpcias. Já no divórcio, conforme dissemos, há a dissolução do matrimônio e o fim dos deveres do casamento, e as partes ficam livres para casarem-se quantas vezes desejarem.

A Lei do Divórcio, de autoria do senador Nelson Carneiro, causou, na época da sua tramitação, enorme polêmica, e dividiu o país entre divorcistas e antidivorcistas, que tomaram conta do plenário da Câmara dos Deputados nos dias de votação, numa mobilização intensa.

O debate começou com a leitura do relatório do senador Ruy Santos, um ferrenho antidivorcista, que defendeu a rejeição de todas as propostas apresentadas e condenou a "batalha impatriótica e antinacional" em favor do divórcio, relembrando que 90% da população brasileira era católica. Ele discordava do argumento de que o divórcio beneficiaria a mulher, como defendiam alguns, alegando que "nem todo homem se disporia a unir-se de verdade a uma mulher que já pertenceu a outro". Dizia também que a dissolubilidade do casamento seria péssima para a prole, pois tornaria o filho do divorciado um *"escravo da turbulência, da marginalização, do tóxico e do crime"*.

O senador Nelson Carneiro provocava verbalmente os senadores antidivorcistas que fechavam os olhos à realidade brasileira: milhares de mulheres eram abandonadas ou transformadas em companheiras, e seus descendentes, nascidos de uniões fora do casamento, eram considerados filhos ilegítimos.

Após intensos debates, a emenda acabou sendo aprovada, pondo fim à indissolubilidade do casamento, e a Constituição Federal passou a admitir o divórcio, com a condição, à época, de que houvesse prévia separação judicial por mais de três anos ou separação de fato por mais de cinco anos, o que foi uma grande vitória para milhares de pessoas que aguardavam ansiosamente pela chance de dissolverem seus vínculos matrimoniais.

Para que se pudesse dar cumprimento à Emenda Constitucional, era preciso que o Congresso Nacional votasse uma

A Lei do Divórcio (Lei n. 6.515/77), de autoria do senador Nelson Carneiro, causou, na época da sua tramitação, enorme polêmica, e dividiu o país entre divorcistas e antidivorcistas.

lei que a regulamentasse, por isso os senadores Nelson Carneiro e Accioly Filho apresentaram o projeto que deu origem à Lei n. 6.515/1977. O texto foi votado na Câmara dos Deputados, mas recebeu uma emenda, que acabou por limitar, à época, o divórcio a uma única vez (cada pessoa só poderia se divorciar uma vez na vida).[5]

Essa lei foi aprovada pelo Senado Federal e sancionada pelo presidente Ernesto Geisel no dia 26 de dezembro de 1977.[6] Antes da aprovação dessa lei, o casamento era vitalício e indissolúvel e, conforme já dissemos, somente se admitia a separação do casal sob a forma de "desquite".

De acordo com a lei aprovada, se o casal desejasse se divorciar deveria escolher entre se separar judicialmente e só depois de três anos converter a separação em divórcio ou aguardar os cinco anos separados de fato para propor o divórcio direto.

Com a entrada em vigor da Lei do Divórcio, o desquite foi abolido e substituído pela separação judicial. Apesar de ainda ouvirmos muito esse termo, conforme já dissemos, desde 1977 não há mais desquite no Brasil. É importante frisar que o pedido de divórcio caberá apenas aos cônjuges, somente se admitindo que terceiro o requeira em caso de incapacidade (por exemplo: pessoas com problemas mentais).

5 Essa limitação não existe mais.

6 Fonte: Agência Senado.

A Constituição Federal, promulgada em outubro de 1988, trouxe importante alteração para o instituto do divórcio. Como já vimos anteriormente, havia duas formas de se decretar o divórcio: por meio do divórcio direto, que acontecia quando as partes comprovavam a separação de fato anterior, e o divórcio por conversão, que era decretado após a separação judicial do casal. Com a chegada da Constituição Federal de 1988, foi reduzido o prazo do divórcio direto de três anos para apenas um ano da separação judicial e do divórcio por conversão de cinco anos para dois anos da separação de fato.

Um ano depois, foi editada a Lei n. 7.841/1989, revogando a norma que impedia que o divórcio fosse realizado mais de uma vez, portanto, hoje em dia, não há limitação no número de divórcios, podendo as pessoas se divorciarem quantas vezes desejarem.

O novo Código Civil, promulgado em 10 de janeiro de 2002, atualizou e modernizou nossa legislação, deixando-a compatível com a Constituição de 1988. Em seu artigo 1.541, dispõe que "o casamento válido só se dissolve pela morte de um dos cônjuges ou pelo divórcio".

Após a promulgação da lei civil, duas normas muito importantes vieram a alterar as regras do divórcio, facilitando-o ainda mais: uma de 2007 (Lei n. 11.441/2007) e outra de 2010 (Emenda Constitucional n. 66/2010).

A primeira delas, Lei 11.441/2007, passou a permitir a realização da separação judicial e do divórcio consensuais diretamente no Cartório de Notas (divórcio extrajudicial), sem que as partes precisassem recorrer ao Poder Judiciário (divórcio judicial), bastando que ambos desejem se separar ou divorciar, paguem as custas, haja assistência de um advogado ou defensor público, não haja filhos menores ou incapazes e a mulher não esteja grávida.[7]

O impedimento legal para a realização do divórcio em Cartório, quando há filhos menores ou incapazes, ou quando a mulher está grávida, deve-se à necessidade de intervenção do Ministério Público no processo.

A segunda norma, Emenda Constitucional n. 66/2010,[8] veio facilitar o divórcio direto, retirando a exigência prévia de separação judicial ou separação de fato para a sua decretação. Lembramos que, antes da promulgação dessa lei, já existia o divórcio direto, mas ele só ocorria quando era comprovada a prévia separação de fato por mais de dois anos, assim como o divórcio por conversão, cuja decretação era possível após um ano da separação judicial do casal.

7 O Conselho Nacional de Justiça (CNJ) alterou a Resolução n. 35/2007, impedindo que a separação e o divórcio consensuais sejam realizados pelos cartórios quando a mulher estiver grávida.

8 Emenda Constitucional n. 66, de 13 de julho de 2010: "Art. 1º O § 6º do art. 226 da Constituição Federal passa a vigorar com a seguinte redação:

'Art. 226.

.... §

6º O casamento civil pode ser dissolvido pelo divórcio' (NR).

Art. 2º Esta Emenda Constitucional entra em vigor na data de sua publicação".

Com a entrada em vigor da Lei do Divórcio, o desquite foi abolido e substituído pela separação judicial. Apesar de ainda se ouvir esse termo, desde 1977 não há mais desquite no Brasil.

Após a promulgação da Emenda Constitucional n. 66/2010, que permitiu o divórcio diretamente, sem prévia separação judicial ou de fato, muitos doutrinadores sustentaram que a separação judicial teria sido retirada do ordenamento jurídico brasileiro, mas o Superior Tribunal de Justiça (STJ), em 2017, teve a oportunidade de apreciar tal questão[9] e entendeu que ela ainda existe, portanto; quem quiser pode se divorciar diretamente e quem preferir pode apenas se separar (mas não poderá se casar novamente).

Após a edição da Emenda Constitucional n. 66/2010, criou-se um divórcio bastante diferente daquele que vigorava anteriormente, não havendo mais a necessidade de se comprovar nenhuma condição prévia para a sua concessão. A Emenda aboliu, também, na opinião da maioria dos doutrinadores, a necessidade de o juiz investigar, nos divórcios litigiosos, qual dos dois foi o culpado por violar os deveres do casamento, que, de acordo com a lei, são fidelidade recíproca, vida em comum no domicílio conjugal, mútua assistência, sustento, guarda e educação dos filhos e respeito e consideração mútuos.[10]

Depois da aprovação da mencionada Emenda, o divórcio passou a ser um direito potestativo, ou seja, um direito que

9 O número desse processo não é divulgado em razão de segredo judicial.

10 Alguns doutrinadores e magistrados defendem que, mesmo depois da Emenda Constitucional n. 66/2010, ainda seria possível ao juiz investigar quem é o culpado pelo fim do casamento para o efeito de pagamento/recebimento de pensão alimentícia.

não admite contestação, por isso, independentemente de haver consenso, quando um dos dois desejar o fim do casamento, o divórcio deverá ser decretado, tendo sido bastante simplificado o processo, além de ser possível a sua realização em cartório, nos casos autorizados por lei.

A pandemia de Covid-19, iniciada em 2020, também trouxe mudanças nessa área. Segundo dados do Colégio Notarial, o Brasil registrou recorde de divórcios no primeiro semestre de 2021. De janeiro a junho de 2021, foram feitos em Cartório 37.083 divórcios, um aumento de 24% em relação ao primeiro semestre do ano anterior. Diante desse incremento e das limitações da pandemia, foi editado o Provimento n. 100 do Conselho Nacional de Justiça (CNJ), que passou a admitir o divórcio on-line nos cartórios, permitindo que as pessoas pudessem se divorciar sem sair de casa e, assim, cumprissem a orientação de praticar o distanciamento social para evitar a contaminação por Covid-19.

DIVÓRCIO CONSENSUAL JUDICIAL

Divórcio consensual é o nome que se dá ao divórcio amigável, ou seja, aquele em que as partes estão de acordo com a decisão de se divorciarem e com todas as cláusulas do divórcio. O divórcio consensual pode ser feito na Justiça (divórcio judicial) ou no cartório (divórcio extrajudicial), mas o segundo não será possível, mesmo que haja acordo sobre todas as cláusulas, se existir filho menor de 18 anos ou incapaz, ou, ainda, se a mulher estiver grávida.

No divórcio consensual judicial, o casal, por meio de seu(s) advogado(s), requer a homologação do acordo pelo juiz da vara de família. No divórcio consensual extrajudicial, o procurador pedirá ao tabelião a elaboração de uma escritura pública de divórcio. Mesmo nos casos em que o casamento tenha acabado de maneira pouco amistosa, alguns casais optam pelo divórcio consensual, na Justiça ou no cartório, pois o divórcio litigioso é muito desgastante, demorado e caro.

Ao realizar o divórcio amigável na Justiça (divórcio judicial), o casal pode escolher um único advogado, da confiança de ambos, dividindo as custas processuais e os honorários advocatícios, o que representa uma boa economia. O divórcio amigável tem a vantagem de ambos não estarem na Justiça como partes contrapostas, ou seja, não se enfrentarem como autor e réu, já que o casal será requerente de uma providência comum: o divórcio.

Nesse tipo de ação consensual, ambos estabelecem as cláusulas que disciplinarão a divisão dos bens, a guarda dos filhos menores, a fixação do valor de pensão alimentícia para os filhos e para um dos cônjuges (caso assim decidam) e outros temas de interesse do casal, devendo o(s) advogado(s) ou o defensor público traduzir esse desejo numa petição inicial[11] e requerer

11 É o pedido elaborado pelo advogado, em que se apresenta a causa perante o Poder Judiciário.

ao juiz que a homologue, para que o acordado passe a ser o "regulamento" a ser seguido.

Uma das questões que mais causam desavenças e muitas vezes impedem o divórcio amigável é a partilha de bens, razão pela qual o artigo 1.581 do Código Civil permite que o divórcio possa ser concedido sem que haja prévia partilha. Portanto, se houver concordância entra as partes sobre o desejo de se divorciar e todas as outras cláusulas, mas não em relação à partilha dos bens, deve o juiz decretar o divórcio do casal, deixando a questão patrimonial para ser discutida em ação própria ou até mesmo extrajudicialmente.

No divórcio judicial consensual é possível que o juiz homologue imediatamente o divórcio, sem a necessidade de realização de audiência de conciliação ou ratificação, desde que ele tenha condições de se assegurar da real disposição do casal em se divorciar, bem como do cumprimento de todas as formalidades jurídicas e determinações legais.

DIVÓRCIO CONSENSUAL EXTRAJUDICIAL

Como já dissemos anteriormente, desde que não haja filhos menores de 18 anos ou incapazes, ou a mulher não esteja grávida, é possível evitar a propositura de uma ação judicial, realizando o divórcio extrajudicialmente, ou seja, no Cartório de Notas, mas é sempre indispensável a intervenção do advogado para que o divórcio ocorra, seja na

Duas normas alteraram profundamente a Lei do Divórcio: a Lei n. 11.441/2007 e a Emenda Constitucional n. 66/2010 – a primeira permitiu a separação judicial e o divórcio no cartório e a segunda instituiu o divórcio direto, sem a necessidade de prévia separação judicial ou de fato.

Justiça, seja no cartório. É importante esclarecer que não há necessidade de o casal escolher o cartório próximo à residência para lavrar o divórcio extrajudicial, podendo qualquer tabelionato do Brasil realizá-lo.

Nos divórcios realizados em cartórios, as partes deverão apresentar: a) certidão de casamento; b) documento de identidade oficial e CPF/MF; c) pacto antenupcial, se houver; d) certidão de nascimento ou outro documento de identidade oficial dos filhos absolutamente capazes, se houver; e) certidão de propriedade de bens imóveis e direitos a eles relativos; e f) documentos necessários à comprovação da titularidade dos bens móveis e direitos, se houver.

As partes devem informar ao tabelião, no ato da lavratura da escritura, que não têm filhos comuns, ou, se os tiverem, que são absolutamente capazes, indicando seus nomes e as datas de nascimento, bem como declarando que a mulher não está grávida.

Da escritura de divórcio deverá constar uma declaração das partes de que estão cientes das consequências da separação e do divórcio, estão determinados a pôr fim à sociedade conjugal (separação) ou ao vínculo matrimonial (divórcio), com recusa de reconciliação. Na data da celebração da escritura pública de separação ou de divórcio, não é necessário o comparecimento pessoal das partes, bastando que compareçam seus advogados ou o advogado comum (caso as partes escolham o mesmo advogado) apresentando procuração por instrumento público, que deverá conter poderes especiais para esse fim.

Se o casal possuir bens a serem partilhados, será feita a distinção do patrimônio individual de cada cônjuge daqueles bens comuns do casal e na partilha em que haja a transmissão da propriedade individual de um cônjuge ao outro, ou a partilha for desigual do patrimônio comum, deverá ser pago o imposto devido sobre a fração transferida.

Não há qualquer sigilo na escritura de divórcio consensual, portanto qualquer pessoa poderá ter acesso a ela. Após ser lavrada, deverá ser apresentada ao Oficial de Registro Civil onde foi realizado o casamento, para ser alterado o estado civil das partes. Caso tenha havido alteração do nome de algum cônjuge, será feita tal alteração no registro de nascimento.

Os cônjuges apenas separados judicialmente podem converter a separação judicial ou extrajudicial em divórcio no cartório, sem grandes burocracias, bastando apresentar a certidão da averbação da separação no registro de casamento.

Mesmo que estejam preenchidos todos os requisitos para a realização do divórcio em cartório, as partes podem preferir ajuizar a ação no Poder Judiciário (divórcio judicial), mas é importante ressaltar que o divórcio realizado no cartório, em regra, é mais rápido e menos burocrático do que o realizado na Justiça, podendo ele ocorrer no mesmo dia, dependendo do cartório que as partes escolherem, especialmente quando não há filhos ou ou o casal não tenha bens a serem partilhados.

Sabe-se que nem sempre é possível chegar a um acordo sobre todos os pontos do divórcio, por isso, em caso de discordância quanto à própria decisão de se divorciar (um deseja e o outro não), ou em relação a outro ponto, deverá ser proposta a ação de divórcio litigioso judicial, pois apenas o Juiz de Direito tem competência para decidir as questões em litígio.

DIVÓRCIO LITIGIOSO

Conforme se observa diariamente, há muita desinformação quando se fala em divórcio litigioso. Ouve-se repetidamente falas como "ela ficará comigo para sempre, pois eu jamais lhe darei o divórcio", "vou provar que ele me traiu e ficarei com todos os bens". A verdade é que, ao contrário do que ocorria no passado, hoje em dia o divórcio é um direito que independe da concordância da outra parte – ninguém pode ser obrigado a permanecer casado contra a sua vontade, o que parece óbvio, mas o que fazer se um dos dois não concordar com o divórcio?

Se isso acontecer, não será possível a realização do divórcio amigável ou consensual, devendo haver a propositura da ação de divórcio litigioso na Justiça por aquele que deseja se divorciar (no cartório só é possível tramitar divórcios consensuais, sem filhos menores ou incapazes e sem que a mulher esteja grávida).

Nos divórcios litigiosos, ao contrário do que ocorre nos divórcios consensuais, teremos o autor da ação (aquele que tiver a iniciativa de ingressar em juízo), o réu (aquele contra quem foi proposta ação) e o juiz, além dos advogados do autor e do réu, que não poderão ser o mesmo.

A ação de divórcio litigioso deverá ser proposta na cidade onde o casal residia antes de se separar. Caso ambos já tenham mudado de domicílio, ela será proposta na cidade onde residir o réu da ação, e, se houver filho incapaz, no domicílio daquele que tem a guarda desse filho.

A Lei n. 13.894/2019, editada mais recentemente, veio alterar parte da Lei Maria da Penha (Lei n. 11.340/2006), regulando que, em casos de violência doméstica, a competência para a apreciação de divórcio, separações, anulações de casamento ou dissoluções de união estável será dos Juizados de Violência Doméstica e Familiar contra a Mulher.

Como muitos já devem ter ouvido falar, além do enorme desgaste emocional e financeiro, não raramente o divórcio litigioso acaba por levar para o processo as mágoas, ressentimentos e questões íntimas das famílias, além de provas de bens que uma das partes tenta esconder, declarações de imposto de renda, documentos que comprovam fraudes perpetradas por um dos dois, entre outras coisas. É por isso que muitos casais, mesmo com alguma dificuldade, tentam chegar a um acordo que viabilize o divórcio consensual, embora isso nem sempre seja viável.

Quando o consenso não é possível, é preciso propor a ação de divórcio litigioso. Ele se inicia com o protocolamento da petição inicial da parte que tenha proposto a ação, e o juiz, após lê-la, determina a realização de uma audiência de conciliação ou julga o pedido liminar apresentado pela parte, concedendo ou negando o pedido.

O pedido liminar é aquele feito no início do processo para a regularização de assuntos urgentes, como a fixação do valor da pensão alimentícia, a regularização da visitação dos filhos menores ou algum aspecto patrimonial que não pode aguardar a sentença.

Após as decisões liminares, as partes serão intimadas a comparecerem à audiência, acompanhadas de seus advogados, para uma tentativa de conciliação. Caso não cheguem a nenhum acordo, a parte que não propôs a ação já sairá da audiência com o ônus de apresentar a sua defesa, e o divórcio litigioso terá seu curso.

Tendo em vista que ninguém pode ser obrigado a permanecer casado, mesmo que um dos dois conteste a ação dizendo que não pretende se divorciar, o divórcio será decretado (no começo ou no fim do processo), e o juiz, após analisar as provas dos autos, sentenciará decidindo como se dará a divisão dos bens, a guarda dos filhos menores, o pagamento de pensão alimentícia etc., desde que não seja possível a realização de um acordo no meio do processo, o que converteria o divórcio litigioso em consensual.

Conforme estava escrito no Código Civil de 1916, antes da aprovação da Lei do Divórcio, o casamento era indissolúvel e somente existiam duas formas de desquite: o consensual e o litigioso – esse último estava sempre associado a idéia de culpa, ou seja, aquele que quisesse se desquitar, sem a concordância do outro, deveria provar que o cônjuge praticou adultério, tentou matá-lo/matá-la, praticou maus-tratos ou injúria grave ou abandonou o lar pelo período de dois anos.

Como os tempos mudaram e as legislações também, foi aprovada a Emenda Constitucional nº 66, que facilitou bastante a concessão do divórcio, não havendo mais razão para investigar quem seria o culpado pelo término do casamento, pois além de o divórcio ter se tornado um direito potestativo, isso consistiria em excessiva intervenção do Estado nas questões íntimas das famílias.

A CULPA NO DIVÓRCIO

O STJ analisou a questão da culpa pelo término do casamento no julgamento do Recurso Especial n. 1.483.841/RS, ocorrido em 17 de março de 2015, quando entendeu que a edição da Emenda Constitucional n. 66/2010, além de eliminar os prazos para a concessão do divórcio, teria afastado a necessidade de aferição de culpa, razão pela qual o magistrado não deveria investigar as causas do fim da união, deixando de expor desnecessária e vexatoriamente a intimidade do casal, persistindo essa questão apenas na esfera patrimonial quando da quantificação dos alimentos.

No que se refere à perda do nome de casado, mesmo aqueles que defendem a investigação da culpa no divórcio, não são

No divórcio consensual ou amigável, as partes estão de acordo em relação às cláusulas do divórcio, enquanto no divórcio litigioso não há consenso em relação a elas.

unânimes quanto aos seus efeitos: alguns sustentam que o cônjuge considerado "culpado" poderia perder o direito ao nome, enquanto outros rejeitam essa tese, por ser o nome um dos direitos de personalidade. Assim, somente a renúncia da própria pessoa possibilitaria a alteração do nome no registro civil.

DIVÓRCIO IMPOSITIVO

O chamado divórcio impositivo ou unilateral é aquele que poderia ser feito por uma das partes, diretamente no cartório onde se casou (Registro Civil de Pessoas Naturais), mediante o preenchimento de um formulário, independentemente de o outro comparecer ou concordar.

Essa modalidade de divórcio foi aprovada pela Corte Especial do Tribunal de Justiça de Pernambuco no ano de 2019 de forma unânime (Provimento n. 6/2019), passando a não mais ser necessário buscar a Justiça em caso de apenas uma das partes desejar se divorciar, desde que o casal não tenha filhos menores de idade ou incapazes e a mulher não esteja grávida.

O estado de Pernambuco foi o pioneiro nessa medida, e o estado do Maranhão, seguindo seus passos, também editou a sua regulamentação.

Apesar dessa desburocratização do divórcio em Pernambuco e no Maranhão, divulgada com ânimo pela imprensa (DIVÓRCIO-RELÂMPAGO, 2019), o corregedor-geral de Justiça, ministro Humberto Martins, determinou a revogação do Provimento acima citado e impediu a regulamentação da averbação do divórcio por declaração unilateral emanada de um dos cônjuges, o chamado "divórcio impositivo", por entender que a norma estaria criando novas atribuições para os cartórios, sem lei prévia que permitisse isso. O corregedor acrescentou que o "divórcio impositivo" seria uma espécie de divórcio litigioso, já que não haveria acordo entre as partes, portanto não poderia ocorrer sem que o Poder Judiciário analisasse a questão, além de informar que o Provimento n. 6/2019 descumpre o princípio da igualdade por estabelecer uma forma específica de divórcio nos estados de Pernambuco e Maranhão, criando diferença em relação aos outros estados brasileiros.

QUEM ARCA COM OS CUSTOS DO DIVÓRCIO?

Como sabemos, as ações judiciais ou os procedimentos realizados nos cartórios têm custos altos, por isso é comum haver a dúvida sobre quem deverá arcar com essa despesa. Quem ingressa com a ação de divórcio deverá suportar o pagamento das custas iniciais do processo, mas, se forem consideradas pobres juridicamente, as partes poderão ser beneficiárias da justiça gratuita.[12] Pela lei brasileira, pode ser beneficiária da justiça gratuita a pessoa física ou jurídica brasileira ou estrangeira

12 O Conselho Nacional de Justiça (CNJ) assinalou a obrigatoriedade de os cartórios oferecerem gratuitamente os serviços de homologação das escrituras de separação e divórcio.

com insuficiência de recursos para pagar as custas, despesas processuais e os honorários de advogado.

Na hipótese de o divórcio ser consensual, geralmente as partes dividem o valor das custas judiciais e dos honorários do advogado comum. Quando o divórcio se dá de forma litigiosa, o vencido deve pagar as custas judiciais e os honorários advocatícios do seu advogado e do advogado da outra parte.

DIVÓRCIO CONCEDIDO LIMINARMENTE

Tendo em vista que o divórcio é um direito potestativo, ou seja, um direito que não admite contestação, alguns doutrinadores vêm defendendo a possibilidade de decretação do divórcio liminarmente, ou seja, no início do processo, mesmo sem ouvir previamente a parte contrária. Esse foi o entendimento da Terceira Vara da Família de Joinville, em Santa Catarina, cuja juíza, Karen Francis Schubert, deferiu o pedido de tutela antecipada para decretar o divórcio de um casal antes mesmo da outra parte ser informada formalmente da propositura da ação. A juíza fundamentou sua decisão no fato de o divórcio ser um direito potestativo incondicionado, não havendo, portanto, necessidade de prova ou condição, tampouco de formação de contraditório, bastando a vontade de um dos cônjuges. Ela também determinou a expedição de mandado para anotação do divórcio no registro civil onde foi realizado o casamento, mas essa decisão não é definitiva, pois ainda cabe recurso ao Tribunal de Justiça.[13]

Apesar de a juíza ter decretado o divórcio liminarmente, não tem sido essa a regra, pois, em geral, os magistrados declaram o divórcio ao proferir a sentença final, o que pode levar algum tempo, sobretudo quando há bens a serem partilhados. Recentemente, mais juízes vêm admitindo o divórcio liminar ou o julgamento parcial do mérito, concedendo-se o divórcio no início do processo, enquanto ele prossegue para resolver as outras questões, como guarda de filhos, partilha de bens etc. Essa inovação vai ao encontro da definição do divórcio como um direito potestativo.

Nos casos em que é concedida a antecipação dos efeitos do divórcio, os cônjuges deixam de ser casados prontamente, podendo, inclusive, se casar novamente, mesmo que o processo ainda não tenha sido concluído.

PENSÃO ALIMENTÍCIA

No Direito de família, a palavra "alimentos" é usada como sinônimo de pensão alimentícia e é utilizada para se referir à verba destinada àqueles que não tenham condições de sustentar. É importante esclarecer que o conceito de "alimentos" não se restringe à alimentação, englobando outros

13 O caso corre em segredo de justiça.

fatores necessários à existência, como moradia, educação, lazer, saúde etc.

A obrigação de pagar alimentos, decorrente do acordo das partes ou em razão de sentença do juiz, é sempre modificável. Explica-se: a pensão alimentícia devida em razão do casamento deve seguir sempre os requisitos da necessidade de quem pede e da possibilidade de quem dá, devendo o valor ser fixado na medida das necessidades do reclamante e dos recursos da pessoa obrigada. Logo, a decisão judicial ou o acordo que fixa o montante a ser pago poderá ser revisto sempre que houver modificação da situação econômica de uma das partes, podendo a obrigação, até mesmo, ser extinta, em casos específicos.

A pensão alimentícia devida aos filhos deverá ser paga até que eles atinjam a maioridade, que atualmente é de 18 anos, mas ela pode ser estendida caso o filho ainda esteja estudando, quando então a pensão deverá ser paga até os 24 anos.

Questão mais complexa diz respeito ao pagamento de pensão alimentícia entre ex-cônjuges divorciados. Muitos sustentam que não haveria essa obrigação, pois o dever de assistência e sustento, que é um dos deveres do casamento, não se justificaria quando o vínculo conjugal já tenha se dissolvido, mas boa parte da doutrina e julgados de alguns tribunais vêm entendendo que, em certos casos, poderá haver o dever de pagar alimentos ao ex-cônjuge, mesmo após o divórcio, como medida excepcional e transitória, com base na dignidade da pessoa humana e na solidariedade familiar e desde que seja comprovada a total incapacidade da pessoa em prover o próprio sustento, bem como a ausência de parentes em condições de arcar com o pagamento dos alimentos.

A obrigação de pagar pensão alimentícia para ex-cônjuges divorciados, quando não há acordo entre as partes, tem sido fixada em casos cada vez mais excepcionais. Na maioria das vezes, ela só é deferida pelo juiz quando é demonstrada a dependência econômica de uma das partes em relação à outra. Esse pagamento, porém, não é eterno, pois os magistrados têm fixado prazo certo para sua ocorrência, salvo quando o ex-cônjuge já tenha certa idade ou comprove a sua impossibilidade de trabalhar.

Em julgamento realizado pelo Tribunal de Justiça do Distrito Federal e Territórios (TJDFT), ao tratar dessa questão, os desembargadores entenderam que uma mulher divorciada com idade superior a 60 anos teria direito à pensão por prazo indeterminado, com fundamento na dignidade da pessoa humana e da solidariedade familiar, já que ela permanecia sem condições de inserção no mercado de trabalho e não tinha como se sustentar.[14]

Um ponto importante e que poucos conhecem: se a pessoa divorciada que recebe pensão alimentícia do ex-cônjuge vier a se casar novamente ou passar a viver em união estável,

14 Acórdão 1242428, 07054243120198070006. Relator: Simone Lucindo, Primeira Turma Cível. Data de julgamento: 1º de abril de 2020. Publicado no *DJE* em 24 de abril de 2020.

deixará de fazer jus à pensão que recebia, mas isso não afetará em nada a pensão que os filhos porventura recebam.

DIVORCIEI-ME, MAS ESTOU GRÁVIDA DO MEU EX-MARIDO

Há situações em que o casal se separa ou se divorcia estando a mulher grávida. Nesses casos, como já dissemos anteriormente, não será possível a realização do divórcio em cartório, pois a Resolução n. 220, de 26 de abril de 2016 dispõe que por ocasião do divórcio as partes devem declarar ao tabelião que a mulher não se encontra em estado gravídico, ou, ao menos, que não tenha conhecimento sobre esta condição.

Desde o dia 5 de novembro de 2008, com a edição da Lei n. 11.804, as mulheres gestantes passaram a gozar de uma norma que as protege, disciplinando o direito a alimentos gravídicos (pensão alimentícia recebida durante a gravidez).

De acordo com essa lei, caso o juiz se convença dos indícios de paternidade,[15] fixará alimentos gravídicos, que perdurarão até o nascimento da criança. Levando em conta as

15 A mulher deverá comprovar que teve algum tipo de relacionamento com a pessoa de quem se pretende o pagamento da pensão, seja de casamento, união estável, relacionamento eventual, amantes etc.

De acordo com o artigo 1.597 do Código Civil, presumem-se concebidos na constância do casamento os filhos nascidos nos trezentos dias subsequentes à dissolução da sociedade conjugal, por morte, separação judicial, nulidade e anulação do casamento.

necessidades da mulher e as possibilidades financeiras do suposto pai, os alimentos deverão ser suficientes para cobrir as despesas do período de gravidez, da concepção até o parto, incluindo alimentação especial, assistência médica e psicológica, exames complementares, internações, parto, medicamentos e demais prescrições preventivas e terapêuticas indispensáveis, a juízo do médico, além de outras que o juiz considere pertinentes.

É importante ressaltar que os alimentos serão custeados por ambos, na proporção de seus recursos, e não apenas pelo suposto pai da criança. Após o nascimento, essa pensão deixará de ser da mãe e passará a ser da criança, podendo, a qualquer tempo após o nascimento, ser requerido o teste de DNA. Caso a paternidade não se confirme, o homem poderá se exonerar do dever de pagar alimentos.

GUARDA DOS FILHOS

Quando o casal tem filhos menores ou incapazes e decide se divorciar, uma das cláusulas fundamentais é a regulamentação da guarda desses filhos e do direito de visitação.

De acordo com a lei, sempre que possível a guarda dos filhos deverá ser compartilhada por ambos os pais, pois isso é o que melhor atende ao interesse dos menores. Na guarda compartilhada, o tempo de convívio com os filhos deve ser

Depois da Emenda Constitucional n. 66/2010, o divórcio passou a ser um direito que não admite contestação, por isso, independentemente de haver consenso, quando um dos dois desejar o fim do casamento, o divórcio deverá ser decretado.

dividido de forma equilibrada com a mãe e com o pai, sempre tendo em vista as condições fáticas e os interesses dos filhos.

O Código Civil prevê apenas dois tipos de guarda. São elas:

- Guarda unilateral: aquela exercida, exclusivamente ou prioritariamente, por um dos pais, enquanto o outro mantém o direito de visitar e supervisionar as decisões relacionadas à criança, tendo a obrigação de contribuir para o seu sustento, por meio do pagamento da pensão alimentícia;
- Guarda compartilhada: as responsabilidades devem ser repartidas pelos pais e todas as decisões relacionadas ao filho são tomadas por ambos, não havendo a necessidade de que os filhos passem exatamente o mesmo período com ambos os genitores. A criança mora com um dos pais, tendo o outro livre acesso ao filho – é importante para o crescimento saudável e estável da criança que ela tenha uma residência como referência, instituindo-se, assim, uma rotina com estabilidade e relações sociais com o seu entorno. Os alimentos, nesse caso, serão prestados pelo genitor que não mora com o filho.

Na guarda unilateral, o pai ou a mãe que não a detenha tem a obrigação de supervisionar os interesses dos filhos, e, para possibilitar tal supervisão, qualquer um deles poderá solicitar informações ou prestação de contas em situações que direta ou indiretamente afetem a saúde física e psicológica e a educação de seus filhos.

Sem previsão expressa no Código Civil, há ainda a guarda de nidação ou aninhamento, bastante comum em países europeus. Nela, os filhos permanecem na mesma moradia, para que não haja mudança em suas rotinas, enquanto os pais se revezam, saindo e voltando, alternadamente.

Também não foi prevista a guarda alternada, em que os pais se alternam, de forma exclusiva, nas responsabilidades com o filho, havendo sucessivas guardas unilaterais.

SOBRENOME DE CASADO

Após o casamento civil, as partes podem acrescer ao seu nome o sobrenome do outro. É facultado ao homem acrescer o sobrenome da mulher, à mulher acrescer o sobrenome do homem, ao homem acrescer o sobrenome do homem e à mulher acrescer o sobrenome da mulher.

Os acréscimos de sobrenomes podem se dar durante o processo de habilitação do casamento, mas não é proibido requerê-lo após o matrimônio, mediante ação de retificação de registros públicos, já tendo o STJ julgado que esse direito existe enquanto perdurar o vínculo conjugal.

Pode acontecer, também, de um dos cônjuges adotar o sobrenome do outro e, posteriormente, pedir a sua exclusão. Essa situação foi levada a julgamento pelo STJ, que acolheu o pedido de uma mulher que pretendia, após o casamento, excluir o sobrenome do marido, sob a alegação de que não teria se adaptado a ele. Em outra ocasião, o STJ entendeu ser possível o retorno ao nome de solteiro após o falecimento do cônjuge.[16]

Durante a vigência do Código Civil de 1916 e até a edição da Lei n. 4.121/1962, era obrigatória a adoção do sobrenome do marido pela mulher. Após essa lei, a adoção passou a ser facultativa, mas não havia a previsão de uso do sobrenome da mulher pelo marido, o que só ocorreu com a chegada do novo Código Civil, em 2002. Por uma questão cultural, porém, isso nunca ganhou forte adesão no Brasil.

Se o casamento permite a adoção do sobrenome do outro cônjuge, com o divórcio, abre-se a possibilidade de retirada desse sobrenome. Antes do Código Civil de 2002, após a decretação do divórcio, era obrigatório o retorno ao nome de solteiro, salvo nas hipóteses em que a perda do sobrenome trouxesse evidente prejuízo para a parte. A partir da nova lei, entretanto, passou a ser permitida a manutenção do sobrenome do ex-cônjuge, desde que o cônjuge não seja considerado "culpado" pelo fim do casamento.

Essa regra, constante do artigo 1.578 do Código Civil, por ser incompatível com o espírito da Emenda Constitucional n. 66/2010, é tida, por grande parte da doutrina e da jurisprudência, como inconstitucional, não sendo possível a perda do

16 Os números desses processos não foram divulgados em razão de segredo judicial.

nome de casado, independentemente do que tenha ocorrido durante o casamento, salvo se a pessoa que tenha adotado o sobrenome renuncie a ele livremente.

PARTILHA DE BENS

A questão relativa à divisão dos bens do casal é um dos temas mais tormentosos no divórcio, tanto que muitos casais acabam optando pelo divórcio litigioso em função de desavenças e discordâncias sobre "quem ficará com o que", mas essa não é, por si só, razão suficiente para isso, já que é absolutamente possível que as partes se divorciem e deixem a partilha de bens para um momento posterior, esclarecendo, entretanto, que, se isso ocorrer e as partes vierem a casar novamente, terão que adotar o regime da separação de bens, para evitar a confusão patrimonial entre as partes, conforme determina a lei civil brasileira.

É importante compreender que os bens a serem partilhados serão aqueles que o casal já tinha ao se separar de fato. Se ambos não mais residem na mesma casa (mesmo que continuem "casados no papel"), ou mesmo vivendo juntos não se considerem mais casados, caso venham a adquirir bens, o outro não terá direito a eles.

Pode acontecer de uma das partes perceber que o outro está dilapidando ou tentando dilapidar os bens do casal, após a separação de fato ou mesmo durante o casamento. Caso isso ocorra, a parte que se sentir lesada deverá procurar um advogado para que ele proponha uma medida judicial visando obstar essa ilegalidade, seja bloqueando os bens, seja restringindo o seu uso.

Conforme já foi dito anteriormente, antes da celebração do casamento, os noivos deverão escolher o regime de bens que será adotado ao longo da vida do casal. Essa escolha é muito importante, pois é ela que determinará como se dará a divisão do patrimônio, na hipótese de o casal vir a se divorciar, especialmente se não houver consenso entre as partes, pois, nesses casos, o juiz fará a partilha seguindo fielmente o regime de bens.

Desde 1977, aqueles que se casam sem celebrar pacto pré-nupcial (ou antenupcial) terão seus bens regidos pelo regime da comunhão parcial de bens. Essa regra vale, também, para os casos de união estável nos quais não haja contrato escrito, ou não tenha havido a escolha do regime de bens.

O pacto pré-nupcial ou antenupcial é um contrato celebrado pelos casais no cartório, antes da realização do casamento, para escolher o regime de bens que vigorará durante a união – ele deve ser feito apenas se for escolhido um regime de bens diferente do regime legal, que hoje é o da comunhão parcial de bens.

Quando o casamento termina, se as partes estiverem de comum acordo sobre a forma como os bens serão partilhados, a divisão poderá se dar do jeito que ambas escolherem, mas, se não houver acordo, o juiz seguirá exclusivamente o regime de bens do casamento. Por esse motivo, é importante entender a diferença entre "bens comuns" e "bens particulares", conceitos fundamentais que dependem, para o seu entendimento, do conhecimento dos regimes de bens existentes na lei brasileira.

Os bens comuns são aqueles que pertencem aos dois cônjuges, ou seja, pertencem ao casal, não sendo exclusivos de nenhum dos dois. No regime da comunhão parcial, por exemplo, os bens comuns são aqueles comprados durante o casamento ou união estável, excluindo-se os herdados ou recebidos em doação.

Os bens particulares, por outro lado, são aqueles que pertencem, exclusivamente, a um dos cônjuges. No regime de separação de bens, por exemplo, todos os bens serão particulares, pois cada um tem seu patrimônio exclusivo. Na comunhão parcial de bens, são particulares todos aqueles bens adquiridos antes do casamento ou da união estável, ou, ainda, os recebidos (a qualquer tempo) por herança ou doação.

Visando a um melhor entendimento do que sejam os bens comuns e particulares, vamos conhecer os regimes de bens mais utilizados nos casamentos brasileiros, que são a comunhão parcial de bens, a comunhão universal de bens, a separação convencional ou voluntária de bens e a separação obrigatória (ou legal) de bens.[17]

17 A participação final nos aquestos é prevista em lei, mas pouco utilizada no Brasil.

1) Comunhão parcial de bens

Neste regime, todos os bens que forem comprados durante a união se comunicam (transmitem-se ao cônjuge/companheiro), sendo de propriedade dos dois, independentemente de quem tenha pagado por ele ou em nome de quem ele esteja. Esse patrimônio comprado durante o casamento ou união estável será considerado um bem comum, e cada um dos dois terá direito à sua meação (metade dos bens) em caso de divórcio.

Os bens e o dinheiro que o casal já possuía antes da união e aqueles recebidos por herança ou por doação são chamados de bens particulares e não se comunicam (transmitem) ao outro em caso de divórcio.

É muito importante registrar que o patrimônio comprado com dinheiro decorrente da venda de bens particulares também não faz parte do patrimônio comum do casal – por exemplo, se um dos dois comprou, depois do casamento, um carro utilizando dinheiro que já tinha antes da união, esse carro não será um bem comum, mesmo que a compra tenha se dado após o casamento, pois foi uma substituição de um bem particular (dinheiro) por outro (carro). Nessas situações é fortemente aconselhável, embora não obrigatório, que a origem do dinheiro seja documentada e os dois assinem uma declaração reconhecendo que aquele é um bem particular, para que não tenham de dividi-lo em caso de divórcio.

Nos casamentos em que não seja escolhido outro regime de bens, vigorará a comunhão parcial. Nesses casos, na hipótese de divórcio do casal, o cônjuge será meeiro (terá direito à metade) dos bens comprados durante a união, mas não terá direito aos bens particulares do outro (por exemplo, um bem comprado antes do casamento).

Caso um deles venha a morrer deixando bens particulares, a regra passa a ser outra, pois o cônjuge/companheiro é herdeiro necessário, portanto terá direito à metade dos bens comprados durante o casamento/união estável e será herdeiro (em concorrência com descendentes ou ascendentes do morto) dos bens particulares.[18]

Uma dúvida muito comum entre os divorciados diz respeito ao recebimento de indenizações trabalhistas, por um dos dois ou por ambos, após a decretação do divórcio. O Superior Tribunal de Justiça (STJ) decidiu que as verbas indenizatórias decorrentes da rescisão de contrato de trabalho só devem ser excluídas da comunhão parcial de bens quando o direito trabalhista tiver nascido ou tiver sido requerido após a separação do casal – logo, mesmo que eles já tenham se divorciado, se o direito foi adquirido durante o casamento, o outro terá direito a metade da indenização.

Em um caso julgado, a indenização trabalhista teria se originado de um precatório de cerca de R$ 1 milhão, e o crédito trabalhista teria sido gerado durante o período da constância do casamento; por isso, integraria o conjunto de bens

18 Para melhor entendimento dos direitos do cônjuge ou companheiro, em caso de falecimento, consultar a obra *Herança*, desta autora (NIGRI, 2021).

adquiridos durante a união matrimonial, sendo bens comuns e, portanto, partilháveis, mesmo já tendo havido o divórcio do casal.[19]

O STJ também teve a oportunidade de julgar se há direito à partilha de valores acumulados em previdência privada aberta, nas modalidades Vida Gerador de Benefício Livre (VGBL) e Plano Gerador de Benefício Livre (PGBL), nos casamentos celebrados sob o regime da comunhão parcial de bens. A Corte entendeu que esses planos de previdência privada aberta devem ser partilhados, em casos de divórcio, sob pena de haver burla à meação do cônjuge.[20]

2) Comunhão universal de bens

Todos os bens, mesmo os anteriores ao casamento ou à união estável, comporão o patrimônio comum dos cônjuges, independentemente de ter havido auxílio financeiro para a sua aquisição. Nesse regime, as heranças e doações recebidas também se comunicam ao outro, só não se transmitindo se houver cláusula de incomunicabilidade.

19 O número desse processo não é divulgado em razão de segredo judicial.

20 Recurso Especial n. 1.698.774/RS (2017/0173928-2). Relatora: ministra Nancy Andrighi. Recorrente: I L E ADVOGADOS : DARTAGNAN LIMBERGER COSTA - RS072784 LEANDRO KONZEN STEIN - RS073374 FERNANDO LUÍS PUPPE E OUTRO(S) - RS083691 KATIA CRISTINA FRANTZ - RS091920 RECORRIDO : W E ADVOGADO : ANA PAULA COSTA E OUTRO(S) - RS049613.

A cláusula de incomunicabilidade é uma cláusula que pode ser colocada na doação de um bem, ou no testamento, que impedirá a comunicação (transmissão) daquele patrimônio ao cônjuge/companheiro daquele que recebeu a doação. Nesses casos, mesmo que o regime seja o da comunhão universal de bens, no qual as doações e as heranças, em regra, se comunicam, os bens gravados com essa cláusula não serão considerados bens comuns do casal.

Esse foi o regime considerado legal no Brasil até 1977, mas, hoje em dia, para que ele seja adotado, deve ser feito um pacto pré-nupcial (ou antenupcial) antes do casamento, ou, na união estável, um contrato escolhendo esse regime de bens.

Quando o casal escolhe esse regime, o cônjuge, em caso de divórcio, será meeiro (terá direito à metade dos bens), já que, em regra, todo o patrimônio será comum.

A cláusula de incomunicabilidade poderá ser colocada pelo doador ou testador no contrato de doação ou no testamento, impedindo a comunicação daquele bem específico ao cônjuge de quem recebeu o bem, mesmo que eles sejam unidos pela comunhão universal de bens, regime no qual doações e heranças se transmitem.

Nesses casos, se houver o divórcio do casal, aquele que foi excluído do bem, em razão da cláusula de incomunicabilidade, não terá direito a ele. Em caso de morte daquele que recebeu o bem em doação ou testamento, entretanto, o outro herdará o bem particular, concorrendo com os descendentes ou ascendentes do morto.

3) Separação de bens

Cada cônjuge terá seu patrimônio pessoal, e, na hipótese de o casal se divorciar, cada um ficará, exclusivamente, com o que já era seu. Para que se adote esse regime de bens, é necessário que isso conste expressamente do pacto pré-nupcial feito antes do casamento.

O fato de haver patrimônios independentes faz com que um não tenha direito sobre os bens do outro em caso de divórcio. O que muita gente não sabe, porém, é que, em caso de morte, o outro será herdeiro dos bens particulares deixados pelo morto, concorrendo com os descendentes ou ascendentes, se houver. Apesar de esse entendimento não ser unânime, os tribunais vêm entendendo que deve haver o direito à herança, já que as partes não optaram por se separar, tendo a morte impedido o convívio do casal. Segundo esse entendimento, seria justo não haver partilha de bens em caso de divórcio, mas, em caso de morte, o cônjuge seria herdeiro legítimo, até mesmo no regime da separação convencional de bens.

4) Separação obrigatória de bens

De acordo com o Código Civil, é preciso que se adote o regime da separação obrigatória de bens quando o casal, ou apenas um deles, tiver mais de 70 anos de idade, quando um dos dois precisar de autorização do juiz para se casar, ou quando um dos dois ou os dois forem divorciados e não

O divórcio pode ser concedido sem que haja prévia partilha dos bens. Portanto, se houver discordância apenas quanto aos bens, o juiz decreta o divórcio, deixando a questão patrimonial para ser discutida depois.

houver sido homologada a partilha dos bens. A intenção do legislador foi, ao determinar a obrigatoriedade do regime da separação de bens dos maiores de 70 anos, a de proteger as pessoas consideradas "vulneráveis" contra possíveis "golpes do baú", mas os tribunais passaram a proferir decisões aplicando a esses relacionamentos a Súmula n. 377 do STF, que determina que sejam considerados bens comuns, pertencendo a ambos, o patrimônio adquirido durante o casamento.

Há alguns julgados que exigem a comprovação do esforço comum na aquisição desse patrimônio para autorizar a partilha, mas muitos juízes dispensam essa prova, entendendo que essa divisão seria automática. Portanto, a súmula nega aos cônjuges a efetiva aplicação do regime de separação de bens, aplicando-se a esses casais, na prática, o regime da comunhão parcial.

Diante dessa contradição, muitos advogados passaram a questionar a possibilidade de os casais unidos pelo regime da separação obrigatória de bens poderem excluir a incidência da Súmula n. 377 dos seus casamentos, e, muito recentemente, em julgado ocorrido em dezembro de 2021, o STJ decidiu que isso é possível.[21]

O STJ julgava o caso de uma herdeira que desejava remover a viúva do pai da função de inventariante (o responsável por administrar o espólio do morto enquanto não é feita a partilha dos bens), requerendo o reconhecimento do pacto antenupcial

21 Recurso Especial 1922347/PR.

de separação total de bens celebrado pelo casal. Em pacto celebrado em 2014, o casal declarou que mantinha união estável desde 2007, quando ele contava 77 anos e ela, 37, e declarou que a união estável, em razão da idade, seguiria o regime da separação obrigatória de bens, estipulando, ainda, termos ainda mais protetivos.

O relator do caso entendeu que, se o objetivo da lei é justamente conferir proteção ao patrimônio do idoso que está se casando e aos interesses de sua prole, "é possível que o pacto antenupcial venha a estabelecer cláusula ainda mais protetiva aos bens do nubente septuagenário - afastando a incidência da Súmula 377 do STF do regime da separação obrigatória - preservando o espírito do Código Civil de impedir a comunhão dos bens do ancião".

Diante disso, o STJ decidiu ser possível que os noivos ou companheiros, no exercício de sua autonomia privada, firmem escritura pública para afastar a incidência da Súmula n. 377 do STF.

Por fim, vale esclarecer que o Código Civil veda o recebimento de herança quando o casamento seja regido pela separação obrigatória de bens e o sobrevivente venha a concorrer à herança com os descendentes do morto. Essa proibição não existe, contudo, caso a hipótese de concorrência seja com os ascendentes do morto, pois, quando concorre com os ascendentes do falecido, o cônjuge/companheiro sempre herdará, independentemente do regime de bens.

PAGAMENTO DE ALUGUEL PELO USO EXCLUSIVO DE BEM COMUM

Não é nada raro nos depararmos com separações e divórcios em que um dos dois continua residindo no imóvel comum, enquanto o outro sai e vai morar em novo endereço, muitas vezes pagando aluguel. Diante dessa situação relativamente corriqueira, os tribunais têm entendido que, em casos como esse e independentemente da realização da partilha, aquele que utiliza o bem pode ter de pagar um aluguel pelo seu uso.

Em recente decisão proferida no processo 1014013-17.2019.8.26.0003, em que se discutia essa situação, a Terceira Câmara de Direito Privado do Tribunal de Justiça de São Paulo entendeu que uma mulher que permanecia em imóvel comum depois que o casal havia se separado deveria pagar aluguel ao seu ex-marido, para que se evitasse o seu enriquecimento ilícito, mas não será possível cobrar aluguel do ex-cônjuge que mora com um ou mais filhos do ex-cônjuge, em imóvel comprado durante o casamento, e submetido à partilha no divórcio, conforme decisão proferida pelo STJ.

PRESCRIÇÃO DO PEDIDO DE PARTILHA DE BENS

Durante muito tempo pairaram dúvidas sobre o prazo para que o casal proceda à partilha de bens após a separação, divórcio, dissolução da sociedade conjugal (união estável) ou separação de fato e, recentemente, em caso que tramita em

Em situações específicas, alguns tribunais vêm entendendo que, mesmo após o divórcio, como medida excepcional e transitória, pode haver a obrigação de pagamento de alimentos, com base na dignidade da pessoa humana e na solidariedade familiar.

segredo de justiça, o STJ decidiu que se o casal estiver separado de fato há mais de trinta anos, estaria prescrita a ação que objetivasse a partilha de bens. No caso que foi julgado, a mulher afirmou que foi casada pelo regime da comunhão total de bens e que estavam separados de fato há mais de trinta anos, sem nenhuma chance de retomada do casamento.

Enquanto discutiam os termos da separação, dividiram alguns bens comuns, mas um bem imóvel não foi partilhado. O juiz de primeira instância decretou o divórcio e determinou a partilha desse bem, mandando que se apurasse o seu valor no momento da separação de fato, atualizando-o, mas o Tribunal de Justiça do Tocantins (TJTO) entendeu que a separação de fato teria encerrado o regime de bens, por isso ali teria se iniciado o prazo da prescrição.

A ação foi objeto de recurso ao STJ, e a mulher alegou que não teria ocorrido a prescrição, porque ela não fluiria durante o casamento (eles continuavam casados "no papel"), mas o ministro Moura Ribeiro entendeu que a separação de fato comprovada por período de, no mínimo, um ano "produz" os mesmos efeitos da separação judicial, sendo, portanto, circunstância que enseja a dissolução do vínculo matrimonial e não impede o curso do prazo prescricional nas causas envolvendo direitos e deveres matrimoniais".

Em outra ação, julgada pelo STJ, foi decidido que a separação de fato é suficiente para fazer cessar a causa impeditiva da fluência do prazo necessário ao reconhecimento da usucapião entre cônjuges, ou seja, com a separação de fato, mesmo que as partes continuem "casadas no papel", começa a fluir o prazo para usucapião de bem ocupado por um dos cônjuges. A Terceira Turma do Superior Tribunal de Justiça (STJ) proveu o recurso de uma mulher que em 2014 pediu a declaração de que teria usucapido o imóvel no qual residia com o marido até a separação de fato, ocorrida em 2009. Os dois teriam se casado em 1986, passando a morar no imóvel adquirido por ele um ano antes.

Diante desses dois precedentes, que acabam por gerar insegurança jurídica sobre qual seria o prazo prescricional para a realização da partilha de bens, entendemos mais seguro considerar, conforme vem se inclinando a jurisprudência, que o prazo seria de dez anos contados da separação, quer do casamento, quer da união estável.

O ABANDONO DO LAR

É muito comum ouvirmos sobre o abandono do lar conjugal, por isso vamos falar um pouco sobre essa questão, sobre a qual muitas dúvidas ainda existem, sobretudo no que concerne à perda de direitos daquele que sai de casa, deixando a família e o imóvel comum.

Em primeiro lugar, é importante ressaltar que o abandono do lar não torna o cônjuge "culpado" da separação e nem impede que ele tenha direito aos bens a que faça jus ou que perca a guarda ou direito à visitação dos filhos comuns, mas há uma situação delicada que precisa ser observada: aquele que sai do imóvel do casal e permanece fora por prazo superior a dois anos, sem propor a ação de divórcio, correrá o risco de perder a propriedade do imóvel de forma integral, em decorrência da usucapião especial urbana em razão do abandono do lar. Isso ocorre porque o artigo 1.240-A) do Código Civil prescreve que aquele que exercer, por dois anos ininterruptamente e sem oposição, posse direta, com exclusividade, sobre imóvel urbano de até 250 m^2 cuja propriedade divida com ex-cônjuge ou ex-companheiro que abandonou o lar, utilizando-o para sua moradia ou de sua família, adquirir-lhe-á o domínio integral, desde que não seja proprietário de outro imóvel urbano ou rural.

Esse normativo foi incluído no ano de 2011, por meio da Lei n. 12.424, e ressalva que esse direito não pode ser reconhecido ao mesmo possuidor mais de uma vez.

Para que ocorra a perda do domínio do bem, portanto, o cônjuge deve se afastar por mais de dois anos, o imóvel deve possuir até 250 m^2 e aquele que ficou na posse do imóvel não pode ter nenhum outro imóvel em seu nome, e esse direito só pode ser reconhecido uma vez.

A grande maioria dos doutrinadores sustenta que não haveria mais a possibilidade de discussão de quem seria o culpado pelo fim do casamento, pois, além de o divórcio ser um direito potestativo, isso seria uma excessiva intervenção estatal nas questões das famílias.

QUEM FICA COM A "GUARDA" DO ANIMAL DE ESTIMAÇÃO APÓS O DIVÓRCIO?

Ninguém discute que os animais de estimação fazem parte da vida das pessoas, sendo, muitas vezes, considerados como filhos por seus tutores. Estima-se em quase 50 milhões o número de *pets* no Brasil, razão pela qual a discussão acerca da guarda e do direito à visitação em casos de separação, divórcio ou dissolução de união estável chegou aos tribunais brasileiros em 2019. O Superior Tribunal de Justiça (STJ) considerou, então, ser possível a regulamentação judicial de visitas a animais de estimação, uma decisão até então inédita para um tribunal superior.

O STJ, por maioria de votos, confirmou a decisão proferida pelo Tribunal de Justiça de São Paulo (TJSP), que fixou regime de visitas para que um ex-companheiro pudesse conviver com uma cadela Yorkshire adquirida durante o relacionamento e que ficou com a mulher depois da separação.

Apesar de enquadrar os animais como bens semoventes, ou seja, suscetíveis de movimento próprio e passíveis de posse e propriedade, a turma concluiu que os bichos não podem ser considerados como meras "coisas inanimadas", pois merecem tratamento peculiar em virtude das relações afetivas estabelecidas com os seres humanos.

O caso sob julgamento era o seguinte: um casal adquiriu uma cadela Yorkshire em 2004, quando tinha uma união estável e, após o término da relação, em 2011, o animal ficou inicialmente com o homem, mas, tempos depois, passou a viver com a mulher, que o impediu de visitar o animal, causando "intensa angústia" ao ex-companheiro.

Foi então proposta por ele uma ação de regulamentação de visitas, tendo a sentença considerado que o animal não poderia integrar relações familiares equivalentes àquelas existentes entre pais e filhos, concluindo que a cadela é objeto de direito, não sendo possível regular, por via judicial, a visitação.

Em grau de recurso, o tribunal acolheu o pedido e fixou as visitas em períodos como finais de semana alternados, feriados prolongados e festas de final de ano, o que foi mantido pelo STJ.

Em seu voto, o relator do caso ponderou que, atualmente, é preciso refletir se esses animais de companhia devem ser tidos como simples coisas (inanimadas) ou se merecem tratamento diferenciado, ainda mais diante do atual conceito de família e sua função social.

Durante o julgamento, foi mencionada a recente pesquisa do IBGE que revela existirem mais cães e gatos em lares brasileiros do que crianças, não se podendo *desprezar o relevo da relação do homem com seu bicho, desfrutando do seu convívio.*

AINDA EXISTE A SEPARAÇÃO JUDICIAL?

Como já sabemos, a Emenda Constitucional n. 66 deixou de exigir a prévia separação judicial por um ano ou a separação de fato por dois anos para que o divórcio pudesse ser decretado. Em razão dessa mudança, muitas dúvidas surgiram sobre a permanência no Brasil da figura jurídica da separação judicial, já que ela deixou de ser necessária. Após longos e intermináveis debates, o Superior Tribunal de Justiça (STJ) decidiu que quem quiser pode se divorciar diretamente, mas quem preferir pode apenas se separar.

Esse foi o entendimento firmado pela Quarta Turma do Superior Tribunal de Justiça ao julgar o recurso especial interposto por um casal que havia proposto ação de separação e buscava a sua homologação. O juiz entendeu que a Emenda Constitucional n. 66 teria acabado com a figura da separação, o que foi confirmado pelo Tribunal de Justiça, mas a relatora do recurso no STJ, ministra Isabel Gallotti, assinalou que a única alteração ocorrida foi o fim da necessidade da separação judicial ou da separação de fato prévias para que o casamento possa ser dissolvido pelo divórcio: "O texto constitucional dispõe que o casamento civil pode ser dissolvido pelo divórcio, imprimindo faculdade aos cônjuges, e não extinguindo a possibilidade de separação judicial. Ademais, sendo o divórcio permitido sem qualquer restrição, forçoso concluir pela possibilidade da separação ainda subsistente no Código Civil, pois quem pode o mais, pode o menos também".

Prosseguiu a ministra informando que o Estado não pode intervir na liberdade de escolha daqueles que desejem apenas se separar judicialmente e não pretendem o divórcio, preservando a possibilidade de um futuro entendimento entre o casal.[22] Conclui-se, portanto, que divórcio e separação judicial se mantêm no Brasil.

DIVÓRCIO DAS VÍTIMAS DE VIOLÊNCIA DOMÉSTICA

Apesar de o divórcio, em regra, dever ser julgado pela vara de família, desde a aprovação da Lei n. 13.894, de 29 de outubro de 2019, os juizados de violência contra a mulher passaram a ter poderes legais para julgar as ações de divórcio das vítimas de violência doméstica e familiar, além de ter garantido a essas vítimas assistência judiciária para o pedido de divórcio e prioridade no andamento desses processos, mas é importante frisar que a partilha de bens deverá ser feita na vara de família. Na hipótese da violência doméstica e familiar começar depois da ação de divórcio já ter sido proposta, ela seguirá na vara onde havia se iniciado.

22 Na separação judicial, ao contrário do que ocorre no divórcio, não há a dissolução do vínculo conjugal, portanto, na hipótese de o casal desejar se casar novamente, basta fazer o restabelecimento da sociedade conjugal, sem a necessidade de novo casamento.

ARREPENDIMENTO DO DIVÓRCIO

Em geral, os casais buscam o divórcio após sucessivas tentativas de "salvar" o casamento, mas, ainda assim, há situações em que, após a sentença ou escritura de divórcio, ambos se arrependem e desejam "reatar" o matrimônio. Como o divórcio rompe totalmente o vínculo conjugal, não é possível haver o "cancelamento" do divórcio caso ele já tenha transitado em julgado.[23] Portanto, nesses casos, na hipótese de o casal desejar retomar a relação conjugal, deverá haver um novo casamento com a mesma pessoa. Em contrapartida, caso as partes comuniquem ao juiz que o casal não deseja mais o divórcio antes do trânsito em julgado da sentença, é possível torná-la sem efeito, voltando as partes para o estado civil de casados.[24]

Na separação judicial, ao contrário do que ocorre no divórcio, não há a dissolução do vínculo conjugal, portanto, na hipótese de o casal desejar restabelecer o matrimônio, não há necessidade de novo casamento, bastando fazê-lo no Poder

23 Decisão da qual não caiba mais recurso.

24 Apelação Cível Oitava Câmara Cível – Regime de exceção n. 70071336507 (n. CNJ: 0343844- 58.2016.8.21.7000): "Comarca de Santa Maria L.S.E. Apelante. R.W.E. Apelado. Apelação Cível. Família. Ação de divórcio. Reconciliação dos cônjuges antes do trânsito em julgado da sentença. Possibilidade de extinção do feito. Manutenção do indeferimento da AJG. Mérito. No caso concreto, é possível a extinção do feito sem julgamento do mérito, porquanto as partes restabeleceram a sociedade conjugal antes do trânsito em julgado da decisão. AJG. A manutenção do indeferimento da AJG é medida impositiva ao caso, uma vez que o patrimônio das partes não condiz com a necessidade de litigar sob o abrigo da benesse. Deram parcial provimento ao apelo. Unânime".

Se o divórcio for consensual, as partes geralmente dividem o valor das custas judiciais e dos honorários do advogado comum, mas, quando o divórcio é litigioso, o vencido deverá pagar as custas judiciais e os honorários advocatícios do seu advogado e os da outra parte.

Judiciário, ou no cartório, por escritura pública, ainda que a separação tenha sido judicial. Neste último caso, é necessário apenas apresentar a certidão da sentença de separação ou a averbação da separação no registro de casamento.

DIVÓRCIO PÓS-MORTE

Antigamente, quando era ajuizada a ação de divórcio e um dos ex-cônjuges viesse a falecer antes da sentença, os juízes extinguiam o processo sem julgamento do mérito, mesmo que já houvesse a declaração do falecido de que desejava se divorciar, já que não era autorizado pelo Poder Judiciário o divórcio pós-morte.

É bastante relevante para o Direito debater a possibilidade de ser decretado o divórcio após a morte de um dos cônjuges (desde que iniciado o processo enquanto ele ainda vivia), pois a dissolução do casamento pela morte ou pelo divórcio gera direitos diferentes: no primeiro caso, direito à herança e pensão previdenciária; no segundo caso, direito à partilha de bens e pensão alimentícia, quando preenchidos os requisitos da lei.[25]

Com a edição da Emenda Constitucional n. 66/2010, que eleva o divórcio a um direito que independe da vontade do outro, surgem julgados no Estado de Minas Gerais

25 TJ-MG, Sétima Câmara Cível, Ap. 1.0000.17.071266-5/001, j. em 29 de maio de 2018.

entendendo que, nos *casos em que já exista manifestação de vontade de ambos os cônjuges de se divorciarem, a superveniência da morte de um dos cônjuges no curso do processo não é suficiente para superar o acordo de vontades anteriormente manifestado, portanto, seria decretado o divórcio, mesmo com a morte de um deles.*

A jurisprudência paulista também vem se inclinando nesse sentido, tendo a maioria dos julgados entendido que a *morte de um dos cônjuges no curso da ação não acarreta a perda do seu objeto se já manifesta a vontade de um dos cônjuges de se divorciar, já que o divórcio é um direito potestativo, sendo possível o divórcio após a morte do outro.*

PERGUNTAS E RESPOSTAS

1. Para que eu possa me divorciar, eu preciso estar casado por um prazo mínimo?

Não, atualmente o casal poderá se casar hoje e se divorciar amanhã, se assim desejar.

2. Diferencie o divórcio consensual do divórcio litigioso.

O divórcio consensual ou amigável é aquele em que ambos, de comum acordo, concordam com a decretação do divórcio e com as cláusulas relativas a ele, enquanto o divórcio litigioso acontece quando não há acordo entre o casal sobre o divórcio em si, ou sobre alguma cláusula relativa a ele, por isso é necessária a intervenção de um juiz.

3. Um terceiro que conheça o casal e saiba que ambos vivem infelizes tem o direito de pedir o divórcio por eles?

Não. Um terceiro somente poderá ajuizar a ação judicial de divórcio se for o representante legal de um incapaz. Salvo essa hipótese, ninguém poderá ajuizar a ação de divórcio em nome do casal ou de um deles, já que esse direito só pode ser exercido pelos cônjuges, por ser uma ação "personalíssima".

4. Tenho direito ao divórcio mesmo que meu cônjuge não deseje se divorciar?

Sim. Mesmos que um dos dois não queira o divórcio, ele poderá ocorrer, já que se trata de um direito potestativo, ou seja, independe da aceitação do outro. Portanto, aquele que desejar se divorciar deverá ingressar em juízo com uma ação de divórcio litigioso.

5. Aquele que abandona o lar conjugal perde direitos?

Isoladamente, o afastamento do lar conjugal não gera a perda de bens ou direitos, mas, se houver o abandono com desamparo à família, a Lei n. 12.424/2011 defere a usucapião familiar ao cônjuge que permanecer residindo no imóvel conjugal por dois anos ininterruptos, sem oposição e com exclusividade em imóvel urbano com tamanho de até 250 m^2, utilizando-o para sua moradia ou de sua família, desde que não tenha outro imóvel e esse direito seja usufruído uma única vez.

6. O que é separação de fato?

Na separação de fato, o casal continua casado "no papel" ou mantem um contrato de união estável, mas já não vive mais junto, portanto não possui mais vínculo jurídico. Caso a pessoa separada de fato deseje viver em união estável com outra pessoa, não há impedimento legal, mas não poderá se casar enquanto não for homologado o divórcio.

7. Posso me divorciar e deixar a partilha de bens para depois?

Sim, o artigo 1.581 do Código Civil permite que o "divórcio possa ser concedido sem que haja prévia partilha de bens". Esse é o entendimento da Súmula n. 197 do Superior Tribunal de Justiça (STJ), que assim dispõe: "O divórcio direto pode ser concedido sem que haja prévia partilha dos bens", portanto, se houver concordância entra as partes sobre o divórcio e outras cláusulas, mas não em relação à partilha dos bens, deve o juiz decretar o divórcio do casal, deixando a questão patrimonial para ser discutida em ação própria ou, até mesmo, extrajudicialmente.

8. Fui traída por meu marido e gostaria de saber se terei que provar a traição para conseguir me divorciar, já que ele não concorda com o divórcio.

Com a edição da Emenda Constitucional n. 66/2011, não há mais a necessidade de apresentação de motivação para que as partes requeiram o divórcio, ao contrário do que ocorria no passado, quando a traição era considerada uma das razões a justificá-lo, culpabilizando aquele que a praticava.

9. Eu e meu marido nos divorciamos e ele recebeu uma indenização trabalhista referente a um vínculo trabalhista que teve enquanto éramos casados. Eu tenho direito a receber parte do valor?

Sim. De acordo com a jurisprudência do STJ, as indenizações referentes às verbas trabalhistas nascidas e pleiteadas durante o matrimônio comunicam-se entre os cônjuges e devem ser partilhados.

10. Qual é a forma mais rápida de se divorciar?

A forma mais rápida é realizando o procedimento amigavelmente pelo cartório, mas as partes precisam estar de acordo com os termos do divórcio, não ter filhos menores ou incapazes e a esposa não pode estar grávida.

11. Como posso me divorciar gratuitamente, já que sou pobre?

Para se divorciar sem precisar pagar custas processuais e honorários advocatícios, as pessoas juridicamente pobres devem buscar a Defensoria Pública e declarar ao juiz da causa (divórcio judicial) ou escrivão (divórcio extrajudicial) que não possuem condições para arcar com os custos do processo sem prejuízo do seu próprio sustento e da sua família, mas o juiz e o escrivão podem exigir que se comprove essa condição de pobreza.

12. Quais as formas de divórcio permitidas pela lei brasileira?

Há três formas de se divorciar no Brasil. São elas: divórcio consensual judicial, divórcio litigioso judicial e divórcio extrajudicial (realizado no cartório).

13. É possível que o casal se divorcie on-line?

Sim, o divórcio on-line foi permitido pelo Conselho Nacional de Justiça (CNJ), por meio do Provimento n. 100/2020, que tratou da prática de atos notariais eletrônicos e instituiu o Sistema de Atos Notariais Eletrônicos (e-Notariado) em todo o território nacional, passando a autorizar o divórcio on-line desde que haja consenso entre o casal, não haja filhos menores ou incapazes, a mulher não esteja grávida e esteja presente um advogado.

14. Na hipótese de o casal vir a se divorciar e a mulher continuar residindo no apartamento comum, pode o homem pedir o pagamento de aluguel referente à sua parte do imóvel?

Sim, pois o uso exclusivo de bem comum por um dos ex-cônjuges ou ex-companheiros autoriza que aquele que está privado do bem receba, a título de indenização, um valor proporcional à sua quota-parte. Por outro lado, o STJ decidiu recentemente que não será possível cobrar aluguel do ex-cônjuge que mora , com um ou mais filhos do ex-cônjuge, em imóvel comprado durante o casamento, e submetido à partilha no divórcio

15. Com a edição da Emenda Constitucional n. 66, ainda existe a separação judicial ou as pessoas casadas só podem se divorciar?

Sim, existe a separação judicial ou administrativa (feita em Cartório). De acordo com julgado do Superior Tribunal de Justiça (STJ) e com a Emenda, deixou-se de exigir a prévia separação judicial de um ano ou separação de fato de dois anos para que o divórcio possa ser homologado, facilitando muito o divórcio. Aqueles que preferirem apenas se separar, porém, poderão fazê-lo.

16. Pode o casal viver na mesma casa, mas estar separado de fato?

Sim, a separação de fato ocorre quando o casal permanece casado "no papel", mas a conjugalidade não existe mais. A data em que se deu a separação de fato é relevante para que seja fixado o fim dos direitos e deveres do casamento, assim como a cessação do regime de bens e da comunicação do patrimônio do casal.

17. Se for decretado o divórcio do casal e ambos vierem a se arrepender, poderá ser revogado o divórcio?

Não. Se a sentença de divórcio tiver sido definitiva, transitada em julgado, será necessário que o casal se case novamente.

18. Quando o casal se divorcia, como é feita a partilha dos bens no regime da comunhão parcial de bens?

Na comunhão parcial haverá a divisão dos bens adquiridos durante o casamento, excluindo-se aqueles recebidos por doação, herança ou comprados após o casamento com dinheiro anterior a ele ou decorrente da venda de um bem que tinha antes de se casar.

19. Quando o casal se divorcia como fica a guarda dos filhos?

De acordo com a lei, sempre que possível a guarda dos filhos deverá ser compartilhada por ambos os pais, pois isso é o que melhor atende ao interesse dos menores. Na guarda compartilhada, o tempo de convívio com os filhos deve ser dividido de forma equilibrada com a mãe e com o pai, sempre tendo em vista as condições fáticas e os interesses dos filhos.

Na guarda unilateral, o pai ou a mãe que não a detenha tem a obrigação de supervisionar os interesses dos filhos, e, para possibilitar tal supervisão, qualquer um deles poderá solicitar informações ou prestação de contas em situações que direta ou indiretamente afetem a saúde física e psicológica e a educação de seus filhos.

20. Após o divórcio, o cônjuge que tiver adotado o nome de casado será obrigado a retornar ao nome de solteiro?

Antes do Código Civil de 2002, após a decretação do divórcio, era obrigatório o retorno ao nome de solteiro, salvo nas hipóteses em que a perda do sobrenome trouxesse evidente prejuízo para a parte, mas, a partir da nova lei, passou a ser permitida a manutenção do sobrenome do ex-cônjuge, desde que o cônjuge não seja considerado "culpado", mas essa regra, considerada incompatível com o espírito da Emenda Constitucional n. 66/2010, é tida por grande parte da doutrina e da jurisprudência como inconstitucional, não sendo possível a perda do nome de casado independentemente do que tenha ocorrido durante o casamento, salvo se a pessoa que tenha adotado o sobrenome renuncie a ele livremente.

REFERÊNCIAS

BARROS E SILVA, Maria Helena. *A paixão silenciosa: uma leitura psicanalítica sobre as paixões amorosas*. São Paulo: Escuta, 2002.

BRASIL. Conselho Nacional de Justiça (CNJ). Provimento n. 100, de 26 de maio de 2020. Dispõe sobre a prática de atos notariais eletrônicos utilizando o sistema e-Notariado, cria a Matrícula Notarial Eletrônica-MNE e dá outras providências. *DJE*, n. 100/2020, p. 2, 26 maio 2020.

BRASIL. Conselho Nacional de Justiça (CNJ). Resolução n. 175, de 14 de maio de 2013. Dispõe sobre a habilitação, celebração de casamento civil, ou de conversão de união estável em casamento, entre pessoas de mesmo sexo. *DJE/CNJ*, n. 89/2013, p. 2, 15 maio 2013.

BRASIL. Conselho Nacional de Justiça (CNJ). Resolução n. 220, de 26 de abril de 2016. Altera dispositivos da Resolução CNJ n. 35, de 24 de abril de 2007, para contemplar expressamente a hipótese de o cônjuge virago se encontrar em estado gravídico. *DJE/CNJ*, n. 67/2016, p. 3, 27 abril 2016.

BRASIL. Emenda Constitucional n. 9, de 28 de junho de 1977. Dá nova redação ao § 1° do artigo 175 da Constituição Federal. *Diário Oficial da União*, Brasília, DF, 29 jun. 1977.

BRASIL. Emenda Constitucional n. 66, de 13 de julho de 2010. Dá nova redação ao § 6° do art. 226 da Constituição Federal, que dispõe sobre a dissolubilidade do casamento civil pelo divórcio, suprimindo o requisito de prévia separação judicial por mais de 1 (um) ano ou de comprovada separação de fato por mais de 2 (dois) anos. *Diário Oficial da União*, Brasília, DF, 14 jul. 2010.

BRASIL. Lei n. 6.515, de 26 de dezembro de 1977. Regula os casos de dissolução da sociedade conjugal e do casamento, seus efeitos e respectivos processos, e dá outras providências. *Diário Oficial da União*, Brasília, DF, 27 dez. 1977.

BRASIL. Lei n. 7.841, de 17 de outubro de 1989. Revoga o art. 358 da Lei n. 3.071, de 1º de janeiro de 1916 - Código Civil e altera dispositivos da Lei n. 6.515, de 26 de dezembro de 1977. *Diário Oficial da União*, Brasília, DF, 18 out. 1989.

BRASIL. Lei n. 10.406, de 10 de janeiro de 2002. Institui o Código Civil. *Diário Oficial da União*: seção 1, Brasília, DF, ano 139, n. 8, p. 1-74, 11 jan. 2002.

BRASIL. Lei n. 11.340, de 7 de agosto de 2006. Lei Maria da Penha. Cria mecanismos para coibir a violência doméstica e familiar contra a mulher... *Diário Oficial da União*, Brasília, DF, 8 ago. 2006.

BRASIL. Lei n. 11.441, de 4 de janeiro de 2007. Altera dispositivos da Lei n. 5.869, de 11 de janeiro de 1973 - Código de Processo Civil, possibilitando a realização de inventário, partilha, separação consensual por via administrativa. Diário Oficial da União, Brasília, DF, 5 jan. 2007.

BRASIL. Lei n. 11.804, de 5 de novembro de 2008. Disciplina o direito a alimentos gravídicos e a forma como ele será exercido e dá outras providências. Diário Oficial da União, Brasília, DF, 6 nov. 2008.

BRASIL. Lei n. 13.894, de 29 de outubro de 2019. Altera a Lei n. 11.340, de 7 de agosto de 2006 (Lei Maria da Penha)... Diário Oficial da União, Brasília, DF, 11 dez. 2019.

FOLHAPRESS. Divórcio-relâmpago pode ser obtido sem a presença do cônjuge no cartório. Amazonas Atual, 17 maio 2019. Disponível em: https://amazonasatual.com.br/divorcio-relampago-pode-ser-obtido-sem-a-presenca-do-conjuge-no-cartorio/. Acesso em: 18 abr. 2022.

G1. Registros de casamento e nascimento no Brasil têm queda em 2020, aponta IBGE. G1, 18 nov. 2021. Disponível em: https://g1.globo.com/economia/noticia/2021/11/18/registros-de-casamento-e-nascimento-no-brasil-tem-queda-em-2020-aponta-ibge.ghtml. Acesso em: 18 abr. 2022.

INSTITUTO NACIONAL DO SEGURO SOCIAL (INSS). Instrução Normativa INSS n. 45, de 6 de agosto de 2010. Diário Oficial da União, Brasília, DF, 11 ago. 2010.

LEVY, Lidia; GOMES, Isabel Cristina. Relações amorosas: rupturas e elaborações. Tempo Psicanal., v. 43, n.1, p. 45-57, 2011.

NIGRI, Tânia. Herança. São Paulo: Blucher, 2021.

NIGRI, Tânia. União estável. São Paulo: Blucher, 2020.

R7. Divórcios batem recorde e superam 77 mil em um ano. R7, 6 jan. 2022. Disponível em: https://noticias.r7.com/

brasil/divorcios-batem-recorde-no-brasil-e-superam-77-mil-em-um-ano-06012022. Acesso em: 18 abr. 2022.

SUPREMO TRIBUNAL FEDERAL (STF). ADI n. 4.277, Distrito Federal. DJE, n. 198, 14 out. 2011.

SUPREMO TRIBUNAL FEDERAL (STF). ADPF n. 132, Rio de Janeiro. DJE, n. 198, 14 out. 2011.

SUPREMO TRIBUNAL FEDERAL (STF). Súmula n. 377, de 3 de abril de 1964. No regime de separação legal de bens, comunicam-se os adquiridos na constância do casamento.